바른 역사를 펴내는 데 길잡이가 되어 주신 분들

추천감수 최광식 (현 고려대학교 한국사학과 교수·국립 중앙 박물관장)
고려대학교 사학과를 졸업하고 같은 학교 대학원을 졸업했습니다. 고구려, 백제, 신라의 정치와 사상을 연구하고 있습니다. 효성여자대학교 사학과 교수, 일본 동북대학교 객원연구원, 중국 북경대학교 초빙교수, 미국 UCLA 초빙교수를 지냈으며, 한국역사민속학회 회장, 한국고대사학회 회장, 고구려연구재단 상임이사, 고려대학교 박물관장으로 활동했습니다. 현재 고려대학교 한국사학과 교수 및 국립 중앙 박물관장, 한국고대학회 회장으로 활동하고 있습니다. 주요 저서로는 《고대 한국의 국가와 제사》, 《중국의 고구려사 왜곡》, 《단재 신채호의 '천고'》, 《우리 고대사의 성문을 열다》, 《백제의 신화와 제의》, 《한국 고대의 토착신앙과 불교》 등이 있습니다.

추천감수 박남수 (현 국사편찬위원회 편사 연구관·동국대학교 사학과 겸임교수)
동국대학교 사학과를 졸업하고 같은 학교 대학원 사학과에서 한국 고대사를 전공했습니다. 한국 고대 사회경제사 및 정치사를 연구했습니다. 현재 국사편찬위원회 편사 연구관 및 동국대학교 사학과 겸임교수로 활동하고 있습니다. 주요 논문으로는 《신라 화백회의 기능과 성격》, 《김대성의 불국사 조영과 그 경제적 기반》, 《삼국의 경제와 교역활동》, 《8~9세기 한·중·일 교역과 장보고의 경제적 기반》, 《고구려 조세제와 민호편제》, 《통일신라의 대일교역과 애장왕대 교빙결호》 등이 있으며 신서원의 《신라수공업사》를 저술했습니다.

추천감수 박대재 (현 고려대학교 한국사학과 교수·전 국사편찬위원회 편사 연구사)
고려대학교 한국사학과를 졸업하고 같은 학교 대학원 사학과를 졸업했습니다. 고조선, 부여, 삼한 등 한국 상고사를 연구하고 있습니다. 공군사관학교 역사철학과 교수요원, 미국 남가주대학교(USC) 한국학연구소 객원연구원, 국사편찬위원회 편사 연구사를 지냈으며, 현재 고려대학교 한국사학과 교수, 한국사연구회 편집이사로 활동하고 있습니다. 주요 저서로는 《의식과 전쟁-고대 국가를 바라보는 새로운 시각》, 《고대한국 초기국가의 왕과 전쟁》 등이 있습니다.

추천감수 임상선 (현 동북아역사재단 연구위원)
동국대학교 역사교육학과와 한국정신문화연구원 한국학대학원을 졸업했습니다. 발해의 역사와 문화, 동북아의 교과서와 역사분쟁을 연구했습니다. 서울시립미술관 및 서울역사박물관 전문위원에 이어 현재 동북아역사재단 연구위원으로 활동하고 있습니다. 주요 논문으로는 《발해 천도에 대한 고찰》, 《발해의 왕위계승》, 《'발해인' 이광현과 그의 도교서 검토》, 《발해의 도성체제와 그 특징》, 《중국학계의 발해·고구려 역사연구 비교》 등이 있으며 신서원의 《발해의 지배세력 연구》를 저술했습니다.

어려운 역사를 흥미로운 동화로 꾸며 주신 분들

글 우리역사연구회
중국과 일본 등 주변의 여러 나라들이 역사를 왜곡하고 있습니다. 우리가 우리의 역사를 잊어버리거나 바로 알지 못할 때 우리의 역사를 도둑맞게 됩니다. 우리 아이들에게 올바른 역사 인식과 역사관을 심어 주고, 역사 공부와 통합 논술 준비에 도움이 되는 책을 만들고자 우리역사연구회라는 이름으로 뜻을 모았습니다.
기획 및 편집 류일윤, 이인영, 김근주, 장혜미, 장도상, 하순영 **역사연구원** 이승민, 민정현, 김설아, 허보현, 최연숙 **논술연구원** 추선호, 이지선, 강지하, 김현기, 주인자, 이명숙
동화작가 류일윤, 강이든, 황의웅, 유후제, 정영선, 김유정, 조지현, 김광원, 이자혜, 조은비, 박설아, 박지선, 이승진, 김진숙, 김경선, 김명수, 한희란, 김미선, 한화주

본문 그림 이인혁
세종대학교 만화애니메이션학과를 다녔으며, 2005년 애니벅스 입시 전문 학원을 전임하고 '스비루밥' 단편 애니메이션을 제작했습니다. 2006년 드림코믹스 입시 전문 학원을 전임했으며 메가 엔터프라이즈에 입사했습니다. 한국문화진흥 콘텐츠 삽화와 전화영어 스피쿠스 광고 삽화를 제작했습니다.

부록 그림 신지영
역사학을 전공하고 현재 일러스트레이터로 활동하고 있습니다. 일러스트레이터 그룹 '나비스(NABIS)'의 회원입니다. 주요 작품으로는 삼성출판사의 《중국사신의 수수께끼》, 《세종대왕》, 교원출판사의 《병아리떼 쫑쫑》 등이 있으며 이명박 홍보 동영상 이미지 작업을 했습니다.

고왕 대조영, 발해를 세우다

1판 1쇄 인쇄 2014년 2월   **1판 1쇄 발행** 2014년 2월
기획 및 편집 류일윤, 이인영, 김근주, 민정현, 김설아, 장도상, 하순영, 허보현, 이정애
교정 교열 박사례, 장혜미, 전희선, 최부옥, 김정희, 최효원 **논술 진행** 추선호, 이지선, 강지하
아트디렉터 이순영, 김영돈 **디자인** 김재욱, 김은주, 송나경, 김명희, 박미옥, 김용호, 홍성훈, design86
펴낸이 양기남 **펴낸곳** MLS **출판등록번호** 제406-2012-000094호 **주소** 경기도 파주시 회동길 216, 파주출판도시 문정 3층
전화 031-957-3434 **팩스** 031-957-3780
ISBN 978-89-98210-66-3   ISBN 978-89-98210-26-7 (세트)

⚠ 주의 : 본 책으로 장난을 치거나 떨어뜨리면 어린이가 다칠 위험이 있습니다. 고온 다습한 장소나 직사광선이 닿는 장소에는 보관을 피해 주십시오.

《구당서》열전 북적 '발해' · 《신당서》열전 북적 '발해' · 《발해고》

고왕
대조영, 발해를 세우다

669년 여름, 수많은 사람이 뜨거운 햇볕 아래 길을 가고 있었어요.
저마다 짐을 짊어지고 비틀비틀 걷는 모습이 힘겨워 보였지요.

"이 돼지 같은 고구려 놈들아! 더 빨리 걷지 못해?"
창과 칼을 든 군사들이 사람들을 향해 고래고래 소리 질렀어요.
군사들은 사람들이 쓰러질 때마다 달려가 발로 뻥뻥 걷어찼지요.
"짐승만도 못한 놈들! 저리 비켜!"
하지만 누구 하나 대드는 사람이 없었어요.
모두 입술을 꼭 깨물고 묵묵히 걷기만 했답니다.
도대체 이 사람들에게 무슨 일이 있었을까요?

사실 이 사람들은 고구려 사람들이었어요.
고구려가 당나라에 무너지자 강제로 당나라에 끌려오게 되었지요.
당나라는 고구려 사람들끼리 놔두면
언제 다시 고구려를 일으키려 할지 모른다고 생각했어요.
그래서 고구려 사람들이 힘을 모으지 못하게
서로 멀리 떨어뜨려 놓았어요.
수많은 고구려 사람들이
당나라 곳곳으로 뿔뿔이 흩어졌어요.
바로 지금 이 사람들처럼 말이에요.

고구려 사람들은 당나라 영주*로 끌려갔어요.

"언제 다시 고구려 땅을 밟을 수 있을지……."
사람들은 모두 눈물을 줄줄 흘렸지요.
그때, 누군가 힘찬 목소리로 말했어요.
"포기하지 마세요.
 우리는 반드시 고구려로 돌아갑니다.
 비록 몸은 당나라로 끌려왔지만
 우리 마음은 여전히 고구려에 있으니까요."
바로 대조영이었어요.
대조영은 고구려 장군이던 대중상의 아들이지요.
사람들은 대조영의 말에 용기를 얻었어요.
"그래! 포기해선 안 돼!
 우리는 고구려로 꼭 돌아갈 수 있어!"

*영주 오늘날 중국 요령성 조양 일대예요.

하지만 당나라는 고구려 사람들을 가만 놔두지 않았어요.
영주로 끌려온 지 얼마 되지 않아
많은 사람들이 다시 더 먼 곳으로 끌려갔어요.
당나라는 고구려 사람들을 뿔뿔이 흩어 놓을 속셈이었어요.
대조영은 몹시 괴로웠어요.
'분하고 분하도다. 하늘이시여, 제발 저희에게 힘을 주소서.'

아버지 대중상이 대조영에게 말했어요.
"조영아, 잃어버린 나라를 찾는 것은 나라를 지키는 것보다 더 어렵다. 그래도 포기하지 않겠느냐?"
"예, 절대 포기하지 않겠습니다."
"좋다. 이 아비도 돕겠다."

대조영은 아버지 대중상과 함께 차근차근 힘을 키웠어요.
틈틈이 무예 연습을 하면서
뜻을 함께할 사람들을 모았지요.
시간이 지나자 제법 많은 사람이 모여들었어요.
고구려 사람뿐만 아니라 말갈 사람들도 모였어요.
말갈 사람들은 본래 고구려 땅에서
고구려 사람들과 함께 살아왔어요.
고구려가 무너지면서 같이 당나라로 끌려왔지요.
"우리도 함께 돌아가고 싶소. 우리가 살던 땅으로!"
대조영은 가슴이 두근거렸어요.
'이 사람들과 함께 반드시 고구려 땅으로 돌아가겠다!'

마침내 696년 여름, 기회가 찾아왔어요.
바로 거란족이 난을 일으킨 거예요.
대조영은 주먹을 불끈 쥐며 외쳤어요.
"지금이야말로 하늘이 주신 기회입니다!"

옆에 있던 걸사비우도 힘차게 고개를 끄덕였지요.
걸사비우는 말갈 사람들을 이끄는 족장이자 대중상의 벗*이었어요.
"중상께서 먼저 병사를 이끌고 가십시오.
저는 말갈 사람들을 데리고 뒤따르겠습니다."
"알았네. 조영아, 당장 병사들을 모아라!"
"예!"

*벗 비슷한 또래로 친하게 사귀는 사람이에요.

상황은 그야말로 숨 가쁘게 돌아갔어요.
대조영과 대중상은 급히 병사를 모아 거란족과 힘을 합쳤어요.
걸사비우도 말갈 사람들을 이끌고 따라왔어요.
"오늘 우리는 당나라를 무찌른다! 자, 가자!"
"와아아!"
거란족과 고구려 사람들, 말갈 사람들은
하나로 똘똘 뭉쳤어요.
마치 성난 파도처럼 영주성 안으로 밀고 들어갔지요.
그리고 치열한 전투 끝에 영주성을 차지했어요.

대조영은 영주성을 차지한 뒤 대중상과 걸사비우에게 말했어요.
"당나라가 손을 쓰기 전에 사람들을 데리고 떠나야 합니다."
대중상과 걸사비우도 생각이 같았어요.
세 사람은 서둘러 사람들을 모아 떠날 준비를 했지요.
수많은 사람이 대조영과 대중상, 걸사비우를 따라나섰어요.
대조영은 가슴이 뜨겁게 벅차올랐어요.
'이제야 고구려로 돌아가는구나. 그리운 고구려로!'

그렇게 얼마를 걷고 또 걸었을까요.
마침내 꿈에도 그리던 고구려 땅이 눈앞에 펼쳐졌어요.
바로 요동 지방이었어요.
"보아라, 고구려 땅이다. 우리가 살던 고구려 땅이다!"
사람들은 서로 부둥켜안고 눈물을 흘렸어요.
대조영도 소리 없이 울었지요.
대중상과 걸사비우도 함께 울었어요.

그러나 고구려를 되찾기 위한 진짜 싸움은 바로 지금부터였지요.
대조영은 대중상과 걸사비우에게 말했어요.
"요동의 주인은 우리 고구려입니다.
 이제 당나라에 빼앗긴 땅을 되찾아야 합니다."
"옳은 말이다. 비우, 자네가 조영이와 함께 싸워 주겠나?"
"물론입니다."

드디어 고구려를 되찾기 위한 싸움이 시작되었어요.
대조영은 걸사비우와 함께 당나라와 싸웠어요.
그리고 당나라에 빼앗겼던 성을 잇따라 되찾았지요.

대조영과 걸사비우가 고구려 성을 되찾았다는 소식은
순식간에 사방으로 퍼졌어요.
그러자 흩어져 있던 고구려 사람들이 구름처럼 모여들었지요.
영주를 떠날 때만 해도 수천 명이던 사람들이
어느새 수만 명으로 늘어났답니다.

하지만 당나라가 이를 가만두고 볼 리 없었어요.

당나라 황제는 대조영과 대중상, 걸사비우에게 사신을 보냈어요.

사신은 거들먹거리며 말했지요.

"황제께서 그대들의 잘못을 용서해 주신다고 하셨소.
어서 잘못을 뉘우치고 황제 폐하께 충성을 맹세하시오!
그러면 높은 벼슬을 받을 것이오."

그러자 대조영이 코웃음을 치며 말했지요.

"가서 너희 황제에게 전해라.
우리는 본래 우리 땅을 되찾으러 왔을 뿐이다."

사신은 끽소리도 못하고 물러났어요.

당나라 황제의 말을 딱 잘라 거절한 것은
당나라와 맞서겠다는 뜻이었어요.
대조영과 대중상, 걸사비우는 서둘러 전쟁 준비를 했어요.
아직 당나라의 대군을 맞아 싸우기에는
힘이 많이 부족했거든요.
어서 사람들을 안전한 곳으로 데려가야만 했어요.
그런데 너무 무리했기 때문일까요?
대중상이 갑자기 쓰러지더니
영영 눈을 감았어요.

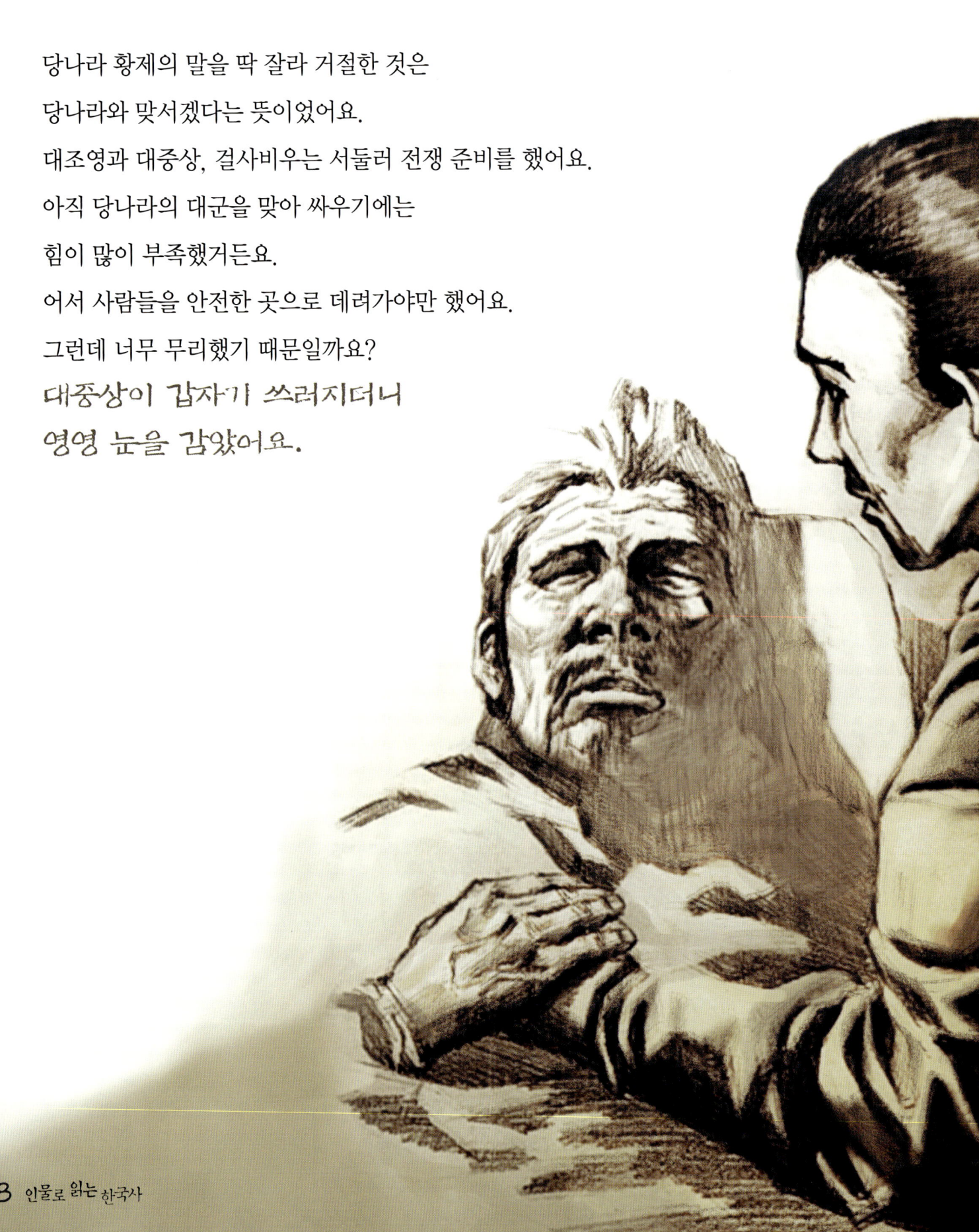

하지만 대조영은 머뭇거릴 틈이 없었어요.
그사이 당나라 군사들이
바짝 뒤쫓아 왔거든요.
게다가 걸사비우마저
당나라 군사들과
맞서 싸우다가
목숨을 잃었지요.
대조영은 눈앞이 캄캄했어요.
'지금부터는 내가
 이 사람들을 이끌어야 한다.
 약해져서는 안 돼!'
그래요.
이제 대조영은 평범한 사람이 아니었어요.
수많은 사람을 이끄는 지도자였답니다.

'지금 당나라 군사 수만 명이 쫓아오고 있다.
 당나라군을 물리치려면 어떻게 해야 할까?'
대조영은 속이 바짝바짝 탔어요.
대조영이 이끄는 무리는 수만 명이었지만 대부분 일반 백성이었어요.
병사들은 고작 해야 수천 명이었지요.
그때, 대조영은 멀리 우뚝 솟은 산을 보았어요.
바로 천문령이었어요.
'저곳이다! 천문령에서 당나라와 결판을 내겠어!'

곧 당나라 군사들이

대조영은 직접 날쌘 병사들을 이끌고 가파른 계곡 위에 숨었어요.
"곧 당나라 군사들이 천문령을 지날 것이다.
 그때를 노려 공격한다!"
"옛!"

대조영과 군사들은 숨을 죽이고 당나라 군사들을 기다렸어요.

시간이 얼마나 흘렀을까요.

드디어 요란한 말발굽 소리가 들리며 당나라 군사들이 나타났지요.

당나라 군사들은 꾸역꾸역 계곡 안으로 들어왔지요.

바로 그때, 대조영은 칼을 치켜들며 외쳤어요.

"지금이다! 당나라 놈들을 쓸어버려라!"

우르르 쾅쾅!

커다란 바위덩이가 계곡 밑으로 굴러 떨어지고

화살이 빗발치듯 쏟아졌어요.

"계속 공격하라! 한 놈도 살려 보내지 마라!"

계곡 안은 비명 소리가 메아리치고

쓰러진 당나라 군사들이 산을 이루었지요.

대조영의 대승리였어요.

천문령 전투에서 승리한 대조영은 사람들을 이끌고 더 먼 동쪽으로 갔어요.
그리하여 마침내 동모산에 이르러 자리를 잡았답니다.
"이곳에 고구려를 잇는 나라를 세우겠다.
 나라 이름은 진이라 하겠다!"
때는 698년, 고구려가 무너진 지 30년이 흐른 뒤였지요.
대조영은 나라 안팎을 두루 다스리며
차분히 힘을 키웠어요.
그러다 713년에 나라 이름이 발해로 바뀌었어요.
발해는 200년이 넘는 세월 동안
동북아시아를 호령하는 강한 나라로 성장한답니다.
바로 그 옛날 고구려처럼 말이에요!

테마 탐구

고구려 유민들이 세운 나라, 발해

고구려가 무너진 뒤 수많은 유민이 당나라 땅으로 끌려갔어요.
그러나 낯선 땅에서도 고구려를 일으켜 세우기 위한 희망의 불씨는 꺼지지 않았지요.
마침내 고구려 유민인 대조영을 중심으로 발해를 세웠어요.

1 668년, 고구려 멸망

고구려가 멸망한 뒤,
많은 고구려 유민들은 당나라 영주로 끌려갔어요.
나라를 잃은 죄로 온갖 설움과 고생을 견뎌야 했지요.
하지만 고구려를 다시 일으키겠다는
뜨거운 마음만은 식지 않았어요.

> 빨리빨리 움직여, 이 고구려 놈들아!

> 나라가 망하니 이런 꼴을 다 당하네!

2 696년, 영주에서 반란이 일어남

696년, 영주에서 큰 사건이 터졌어요.
영주 지역에 살고 있던 거란족과 말갈인을
포함한 고구려 유민들이 힘을 합쳐
당나라와 싸운 거예요. 하지만 1년
넘게 싸움이 이어지자 거란족은
항복하고 말았어요.

> 죽었으면 죽었지 당나라의 노예로 살 수는 없어!

③ 대중상과 걸사비우, 요동으로 이동

말갈인을 포함한 고구려 유민들을 이끌던 대중상과 걸사비우는 결코 항복할 수 없었어요. 이들은 유민들을 이끌고 영주를 빠져나와 요동 땅으로 향했어요. 하지만 대중상이 먼저 죽고 걸사비우도 추격하는 당나라군과 싸우다 죽고 말았죠.

④ 대조영, 동모산으로 이동

이제 대중상의 아들인 대조영이 사람들을 이끌게 되었어요. 대조영은 천문령에서 당나라군을 크게 물리치고 동모산으로 향했지요.

⑤ 698년, 고구려를 이은 '진(발해)'을 세움

동모산은 고구려의 옛 땅이었어요. 당나라에서 멀리 떨어져 있어 당나라군이 쉽게 쳐들어오지 못했지요. 대조영은 동모산에 자리를 잡고 '진*'을 세웠어요. 고구려가 멸망한 지 30년 만의 일이었답니다.

*진 '진'이란 '힘이 사방에 떨쳐질 큰 나라'라는 뜻이에요. 대조영이 처음 나라를 세웠을 때는 나라 이름을 '진'이라고 했다가 713년, '발해'로 바꾸었어요.

남의 역사를 마음대로 지워 버리다니!

발해를 지워 버리자!

남국 신라와 북국 발해라!

하지만 발해는 분명한 우리 역사의 한 부분이에요. '북국 발해'와 '남국 신라'는 서로를 동족의 나라로 여겼지요. 두 나라는 국제 사회에서의 위상을 다투며 남북국 시대를 이끌어 갔습니다.

호기심 탐구

당나라는 고구려 유민들을 어디로 이주시켰나요?

당나라는 고구려의 왕족을 비롯한 유민들을 중국 땅으로 끌고 가서 이곳저곳에 흩어져 살게 했어요. 일부는 중국의 서남 지방으로, 일부는 동남 지방으로, 또 일부는 지금의 중국 시짱 자치구에 해당하는 중앙아시아 일대로 보내 버렸지요.

대조영은 왜 동모산에 나라를 세웠나요?

일단 당나라군의 추격을 피하기 위해 최대한 당나라와 멀리 떨어진 곳에 자리를 잡아야 했기 때문이에요. 게다가 동모산은 옛 고구려의 중요한 땅이었어요. 옛날 고구려의 5부족* 중 왕위를 이어 갔던 계루부의 터전이 바로 동모산 지역이었거든요. 그래서 대조영은 옛 고구려의 심장과도 같은 땅에 고구려 유민들의 나라를 세운 거랍니다.

* 고구려의 5부족에 대한 자세한 이야기는 고구려 《태조왕》 편의 권말부록과 《고국천왕과 을파소》 편을 참고하세요.

당나라는 대조영이 나라를 세우자 어떻게 했나요?

대조영이 나라를 세우고 옛 고구려의 영토를 차츰차츰 되찾자 당나라도 대조영과 '진'을 함부로 대하지 못했어요. 713년, 당나라는 대조영과 외교 관계를 맺으며 '발해 군왕'이라고 부르기 시작했어요. 한 나라의 어엿한 왕으로 인정한 거예요.

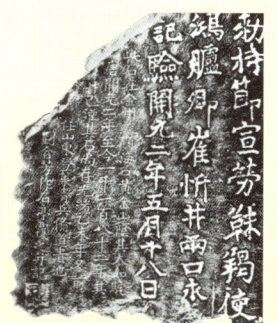

대조영을 왕으로 인정하다
713년, 당나라가 대조영을 발해 군왕으로 인정한다는 외교 문서를 전달하자 발해에서는 이를 기념하여 우물을 파고 우물 벽에 이 내용을 새겼어요.

발해가 고구려를 계승했다는 증거

증거 1 발해가 일본에 보낸 국서에 발해 왕을 '고구려 국왕'이라고 표현했다.

증거 2 기록에 남아 있는 317명의 발해 사람의 성씨 가운데 절반 이상이 고구려계이다. 이는 고구려인들이 발해의 지배 계층이었음을 보여 준다.

대(大)씨 90명, 고(高)씨 56명, 왕(王)씨 22명, 이(李)씨 18명, 장(張)씨 13명 등 고구려계가 63퍼센트를 차지한다.

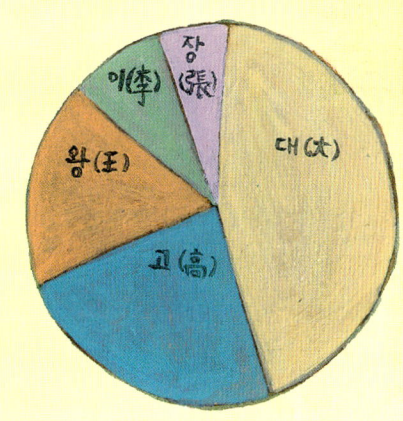

증거 3 발해의 문화는 고구려의 문화를 계승하였기 때문에 고구려 문화와 비슷한 점을 많이 찾을 수 있다.
발해와 고구려의 불상은 표정, 모양, 굵은 옷 주름 등 닮은 점이 많다.

발해·고구려   당나라·신라

또한 발해 기와에는 고구려 기와에 나타나는 간결하고 날카로운 연꽃무늬가 그대로 나타나 있다.
발해 유적지에서 발견된 초기 무덤은 고구려의 무덤과 똑같으며, 온돌은 우리 민족만이 가진 난방 장치로서 발해의 온돌은 발해가 고구려 문화를 계승했음을 보여 주는 증거이다.

고구려   발해

역사와 생각
발해는 고구려를 이은 고구려국일까요, 중국의 주장처럼 말갈국일까요? 내 생각과 그 까닭을 함께 말해 보세요.

일러두기

- 맞춤법, 띄어쓰기는 국립국어원에서 펴낸 《표준국어대사전》을 기준으로 삼았습니다.
  단, 역사 용어의 표기와 띄어쓰기는 교육인적자원부에서 펴낸 《교과서 편수 자료》를 따르되,
  어려운 용어는 쉽게 풀어 썼습니다.
- 학계에서 논의가 끝나지 않은 사안에 대해서는 감수위원의 의견과
  학계에서 인정하는 사료 및 금석문의 기록을 참고하여 반영하였습니다.
- 외국 인명, 지명은 국립국어원의 《외래어 표기 용례집》을 따랐습니다.
  단, 일반적으로 사용하는 우리음 표기도 썼습니다.
- 연도는 1895년 태양력 사용을 기점으로 이전은 음력으로 표기했습니다.
- 이 책에 사용한 사진은 관련 기관의 허락을 받아 게재했습니다.
  저작권자와 초상권자를 찾지 못한 일부 사진은 확인되는 대로 허락을 받겠습니다.

사진 출처 및 제공처

38-39	발해 군왕 탁본 - 송기호